ÉLOGE DE M. LE MARÉCHAL DE VAUBAN.

DISCOURS qui a remporté le Prix de l'Académie des Sciences, Arts & Belles-Lettres de Dijon, en 1784.

PAR M. CARNOT,
Capitaine au Corps-Royal du Génie.

A DIJON,
Et se vend à PARIS,
Chez ALEXANDRE JOMBERT, jeune, Libraire, rue Dauphine.

M. DCC. LXXXIV.

On peut se procurer chez le même Libraire, un Livre du même Auteur, intitulé : Essai sur les Machines en général, *Ouvrage qui a mérité les éloges de l'Académie des Sciences de Paris.*

ÉLOGE

De SÉBASTIEN LEPRESTRE, *Chevalier, Seigneur de Vauban, Maréchal de France, Chevalier des Ordres du Roi, Commissaire général des Fortifications, Grand-Croix de l'Ordre de Saint-Louis, Gouverneur de la Citadelle de Lille.*

C'étoit un Romain qu'il sembloit que notre siecle eût dérobé aux plus heureux temps de la République.

Eloge de M. DE VAUBAN, *par M. de Fontenelle.*

AU seul nom de *Vauban* le patriotisme s'éveille, l'ame s'éleve à de nobles pensées, le cœur sensible éprouve à la fois la vive impulsion qui porte à l'héroïsme.

& la douce émotion qui ramene à l'humanité.

Tel est le charme attaché à la mémoire des bienfaiteurs de la Patrie : l'enthousiasme de la vertu s'allume de lui-même dans ces ames fortes ; mais c'est par le le tableau touchant du zele actif & pur qui les anima ; c'est par le récit de ce qu'ils ont fait pour le bonheur & la gloire de leur Pays, qu'est propagé ce feu divin, & qu'il se répand dans les cœurs à qui la nature avoit refusé le même degré d'énergie.

L'apothéose des Héros n'est donc point une pompe stérile, un vain appareil imaginé par l'orgueil : en proposant l'éloge du Maréchal *de Vauban*, ce sont ses vertus que l'Académie voulut faire passer aux siecles à venir ; c'est pour eux qu'en plaçant sa statue dans le Sanctuaire des Sciences, des Lettres & des Arts, elle avoit déjà rendu à ses Manes le tribut d'amour & de reconnoissance dont elle honore les Grands-Hommes de la Province [1] : ainsi les traits de ces généreux compatriotes, recueillis par les héritiers de leurs talens & de leurs vertus, sont tout ensemble un monument éternel dû à la cendre des morts dont la Nation chérit le souvenir, & le foyer d'émulation où les citoyens de tous les âges viendront allumer le flambeau de l'amour patriotique.

Mais tandis qu'il reste encore de vieux guerriers qui purent être témoins des derniers exploits du Maréchal *de Vauban*, tandis qu'il en est qui sont dépositaires des secrets de son Art, & par qui le génie de ce Grand-Homme continue d'être utile à son Pays, est-ce à moi, Disciple ignoré, qu'il appartient d'apprécier son mérite? Non sans doute; mais tout citoyen n'a-t-il pas le droit d'arroser de ses larmes le tombeau d'un pere de la Patrie? Ce ne sont point mes foibles essais qui décideront de la renommée du Maréchal *de Vauban*; sa gloire est indépendante de nos hommages; il terrassa les ennemis de l'Empire Français, il recula ses limites, il en posa les barrieres ; qui jamais eut moins besoin d'éloges, que celui pour qui ces barrieres mêmes sont autant de trophées immortels !

Vauban ne dut rien à la fortune : éleve & favori de la nature, il reçut d'elle un corps robuste, un esprit droit, un cœur généreux & magnanime ; elle le plaça dans les circonstances favorables au développement de ses talens, elle l'éloigna par sa naissance [2], & de l'obscurité d'où l'on ne sort que par un concours de hasards, & de l'éclat où le mérite est inutile. *Vauban* n'eût point réussi dans l'art des intrigues & de l'adulation : une grande ame est un don nuisible à celui qui ne peut s'élever que par la souplesse; & c'est parmi les insectes, qu'on rencontre ces larves méprisées qui, après avoir rampé long-temps, deviennent enfin habitans des airs.

A peine *Vauban* a-t-il atteint sa dix-ſeptieme année, & déjà il s'agite, fatigué de ſon inaction; il prend ſon eſſor : quel ſera le premier pas de ce Héros? Suivra-t-il l'ardeur qui l'entraîne vers les combats? S'abandonnera-t-il aux profondes combinaiſons de la Géométrie? Obéira-t-il à cette voix impérieuſe qui veut en faire un politique? Il eſt donc des génies à qui la nature imprime à la fois pluſieurs impulſions différentes! Oui, l'ame du jeune *Vauban* va ſe multiplier; il ſera en même temps Guerrier, Géometre, homme d'Etat; le premier objet qui frappe ſes ſens, eſt une épée; ſon premier vol ſera dans les champs de Mars : ſuivons-le des yeux dans cette brillante carriere; pour la parcourir, il pénétrera dans le cabinet des *Neuton* : là nous le verrons prendre de nouvelles forces, & s'élancer de nouveau pour s'élever à la ſcience des *Colbert* & des *Sully*.

PREMIERE PARTIE.

Nous devons un hommage pur à notre Héros, & nous ne venons point outrager son ombre par un encens qu'elle rejetteroit avec indignation ; nous ne louerons donc point le jeune *Vauban* faisant ses premieres armes dans un Régiment d'Infanterie, passant à Sainte-Menehould une riviere à la nage sous le feu de l'ennemi, s'attirant par son intrépidité l'admiration & les éloges de ses anciens : que dis-je ? Nous le plaindrons d'avoir connu la gloire des armes avant le devoir du citoyen; nous regretterons qu'un si beau jour n'ait eu dans son aurore que le faux éclat d'une bravoure inconsidérée. *Vauban* combattoit alors contre son Souverain ; il s'exposoit à mourir l'ennemi de sa Patrie; mais il marchoit sous les drapeaux du grand CONDÉ. L'accuserons-nous d'une erreur qui lui fut commune avec le Héros de Rocroy ?

Bientôt rendu à lui-même & à sa Patrie [3], *Vauban* sentit éclore dans son ame le germe d'un nouveau talent; dès-lors il vit que la nature l'avoit destiné à une vie dure & laborieuse; il n'essaya point de s'y soustraire, il regarda le génie & le savoir, moins comme une faveur du Ciel que comme une charge pénible. Le travail, dit-il à lui-même, est un tribut dont il n'est pas permis à l'homme de s'affranchir. Je sais que la paix est le fruit précieux d'une obscurité volontaire; mais j'ai reçu beaucoup de la nature, je dois beaucoup à la société, il ne sera plus de repos pour moi tant que je pourrai servir l'Etat; j'ai porté mes regards sur les divers emplois militaires, j'ai analysé leurs fonctions, j'ai vu des places fortes & des sieges : une pénible carriere s'est alors ouverte à mes yeux; mais j'ai la force de la parcourir, j'y pénétrerai, soutenu par le dévouement & l'honneur.

C'est ainsi que le jeune *Vauban* cede

à l'impulſion de la vertu : l'amour de la Patrie l'entraîne & le ſubjugue ; il entrevoit des routes inconnues, des terreins incultes, des erreurs conſacrées par un long préjugé. Son cœur palpite, ſon imagination s'enflamme : c'eſt le génie qui fermente à la rencontre de l'élément pour lequel il fut formé par la nature : c'en eſt fait, *Vauban* va devenir un Grand-Homme.

Frappé du vœu qu'il vient de prononcer dans ſon cœur, le vertueux jeune-homme jette les yeux ſur l'étendue des devoirs qu'il s'eſt impoſés. L'amour du Souverain, la modération, le déſintéreſſement, la vigilance, voilà les vertus qu'il doit pratiquer : l'orgueil, la molleſſe, la préſomption, la cruauté, l'intempérance, les écueils qu'il doit fuir : des ſieges, des campemens, des combats, les exercices auxquels il doit s'accoutumer : le ſuffrage de ſon propre cœur, la ſeule récompenſe ſur laquelle il doive compter. C'eſt ainſi qu'aux yeux du Militaire philoſophe & citoyen, ſon état n'eſt point celui de la licence & des paſſions; c'eſt celui de la peine, des ſacrifices, de la privation & de l'auſtérité.

Jadis la guerre des ſieges n'étoit point un Art : une ſimple muraille, un foſſé, quelques tours ſuffiſoient pour arrêter toutes les forces d'un Etat; les aſſiégeans ſe ſignaloient par leurs fureurs, les aſſiégés par leur déſeſpoir : une valeur farouche étoit toute la ſcience des Armées, & la barbarie étoit proportionnée à l'ignorance; mais au milieu de ces horreurs, quelle étrange révolution ſe prépare! C'eſt la paiſible Philoſophie qui découvre elle-meme un nouveau moyen de ravager la terre [4] : c'eſt elle qui met le ſalpêtre aux mains du Guerrier; & le Guerrier armé de ce nouveau tonnerre, devient Philoſophe; il veut combiner ſes opérations, il calcule les coups qu'il doit porter, & bientôt exterminer eſt un Art qui a beſoin de ſang-froid; mais de ſang-froid l'homme ſait recevoir la mort & ne ſait point la donner :

ainſi une généreuſe bravoure prend la place du courage effréné, ainſi on pleure ſes ennemis, & l'humanité devient la premiere des vertus militaires.

Les ſieges de Stenay, Clermont, Landrecie, Condé, furent les eſſais du Maréchal *de Vauban :* employé comme ſubalterne, c'eſt par l'obéiſſance qu'il apprend à commander; par des bleſſures, l'Art d'apprécier le péril; par les fautes qu'il voit faire, l'Art de les éviter; par la victoire, l'Art de la fixer. Il porte partout un œil obſervateur, il ſe familiariſe avec cette multitude de reſſorts dont la réunion & la correſpondance produiſent l'ordre & le mouvement dans les Armées; il apprend ſur-tout la derniere ſcience d'un grand cœur, mais la plus néceſſaire, l'Art de calculer l'effet de l'opinion, des abus funeſtes, de la jalouſie, des paſſions qui pervertiſſent & corrompent les meilleurs effets du patriotiſme ; ainſi l'attaque d'une forteresse, qui n'offre à la plupart des combattans que ténebres & confusion, étoit aux yeux du jeune *Vauban*, un résultat d'opérations combinées, une école savante où il amassoit ce précieux trésor d'expérience qui forme les grands Capitaines.

Conviendrons-nous qu'au milieu du tumulte des armes, *Vauban* prit aussi des leçons de courage, & qu'il en eut besoin? Oui, environné d'horreurs, envisageant à chaque pas l'image de la destruction, il apprit à le modérer. Il étoit né audacieux, & il sut devenir brave. La nature l'avoit formé au mépris de la mort, & la raison l'instruisit à estimer la vie. Il a déjà assez vécu pour la gloire, mais non pour la Patrie; il est comptable de ses jours aux yeux de l'Eternel, il ne peut mourir sans emporter au tombeau des tal[illegible] utiles à ses concitoyens.

[illegible]ffet, il est deux bravoures; l'une est c[illegible]ouillant courage qui fait oublier le danger lorsque la mort nous environne de toutes parts, qui est soutenu par la présence de ceux qui partagent le péril avec nous, qui s'augmente par le bruit des armes; c'est celui d'un Guerrier qui vole à la victoire : celui de l'Officier du Génie doit être bien différent. Il est au milieu du péril, mais il y est seul & dans le silence; il voit la mort, mais il faut qu'il l'envisage avec sang-froid; il ne doit point courir à elle comme le Héros des batailles, mais la voir venir tranquillement; il se porte où la foudre éclate, non pour agir, mais pour observer; non pour s'étourdir, mais pour délibérer : tel fut le courage du Maréchal de *Vauban.*

Déjà ce jeune Guerrier n'a plus besoin de Maîtres. A Mont-Médi, il étonne les Officiers & les Soldats par sa prudence & sa bravoure. Le Maréchal de la Ferté ne craint point de lui prédire hautement sa destinée. Trois fois blessé, il ne perd rien de son activité : c'est par un cri public d'admiration qu'on apprend dans sa famille qu'il existe encore après six ans d'absence [5].

Bientôt il conduit en chef les attaques de Gravelines, d'Ypres & d'Oudenarde. La rapidité de ses succès déconcerte les ennemis, son habileté à ménager les hommes, le fait chérir des siens. La Nation le regarde désormais comme un soutien du Trône, le Roi veut l'avoir avec lui dans tous les sieges qu'il fait en personne; il prend Douay, devant laquelle il reçoit une blessure honorable [6]. Lille se rend après neuf jours de tranchée ouverte. A Valenciennes il propose de donner en plein jour un assaut : les Généraux sont contraires à cette opinion : *Vauban* les entraîne par une éloquente modestie : son avis est suivi, & la Ville est emportée. Il invente à Maestricht ses fameuses paralleles, qui font de la guerre des sieges un Art nouveau : tout cede aux armes françaises dirigées par le grand *Vauban*. Il réduit Luxembourg, qui passoit pour imprenable; il s'empare de Philisbourg, de Manheim & de Frankendal ; Namur voit tomber ses superbes remparts, Mons & Charleroi reconnoissent un vainqueur ; il imagine un nouvel usage du canon, & son chef-d'œuvre, la prise d'Ath, couronne l'admirable invention du ricochet [7].

Vauban fit cinquante-trois sieges & se trouva à cent quarante actions de vigueur : voilà sa vie militaire. Nous ne le suivrons point dans toutes ses expéditions. On ne doit tracer, des Grands-Hommes, que les traits principaux & caractéristiques : trop de détails dans le tableau de leur vie, empêchent d'appercevoir la majesté des formes, & font supposer quelque défaut ou quelque vuide qu'il a fallu couvrir par un ornement étranger.

Il est une science simple, exacte, lumineuse, profonde, sublime : sa marche est lente, méthodique, circonspecte ; elle assure la possession du cultivateur, guide le navigateur au travers des écueils de l'Océan, pese les globes célestes, calcule

calcule leurs diſtances, décompoſe la lumiere, connoît ſa vîteſſe : c'eſt l'Art d'Euclide; mais il eſt une autre Géométrie plus ſubtile encore, dont les principes ſont pour ainſi dire dans le ſentiment [8]. Fille de l'imagination & non de l'étude, à laquelle un jugement exquis, un coup-d'œil prompt, un tact heureux ſervent de nombres, de regle & de compas, ſes opérations ſont métaphyſiques, ſes réſultats s'obtiennent par un calcul rapide que des ſignes extérieurs ne peuvent repréſenter; c'eſt elle qui guide l'Artiſte ingénieux, de qui l'Art d'Euclide eſt ſouvent ignoré; c'eſt la ſeule lumiere qui nous reſte, lorſque la marche ordinaire devient trop lente, les objets trop multipliés, les rapports trop compliqués; elle apperçoit intuitivement, elle veut un génie auſſi hardi que profond, plus vif que méthodique, plus vaſte que réfléchi : ſans cette Géométrie, l'autre eſt un inſtrument inutile; elle crée, l'autre polit; elle eſt mere de l'invention, l'autre l'eſt de la préciſion; c'eſt à l'aide de ces deux flambeaux qu'Archimede éclaira l'Univers, que Neuton s'éleva juſqu'au Trône de l'éternel Géometre, que *Vauban* fut le boulevart de la France & la terreur de ſes ennemis.

Dénuée long-temps de ces vives lumieres, la fortification conſiſta d'abord à ſe placer ſur des hauteurs, à ſe retirer dans les marais, à chercher un refuge dans les lieux inacceſſibles & ſauvages: on s'entouroit d'un large foſſé, on s'enfermoit dans de hautes murailles, on les armoit de groſſes tours; mais l'épaiſſeur de ces murailles, bien plus que leur forme, étoit le fondement de la ſécurité [9].

L'uſage des armes à feu produiſit une grande révolution dans l'Art herco-tectonique; les baſtions furent imaginés. Mais cette invention parut avoir épuiſé tout d'un coup les reſſources de l'imagination. Le pédantiſme, ſi bien fait pour l'éteindre, s'empara de la découverte; il prétendit la façonner, la perfectionner, la réduire en formule, lui donner des regles fixes & des principes invariables : de prétendus axiomes furent établis, & l'on n'osa plus sortir du cercle étroit où l'on étoit circonscrit par ces maximes erronées & insuffisantes; alors la fortification devint ce qu'elle est encore aujourd'hui aux yeux d'un certain vulgaire à prétention; ce fut l'Art de faire des systêmes, l'Art de tracer sur le papier des lignes assujetties dans leurs dispositions réciproques, à ces conditions presque arbitraires qu'on avoit revêtues du titre imposant d'axiomes. Les Ingénieurs employoient toute leur sagacité à rechercher de nouvelles combinaisons géométriques plus conformes à ces loix imaginaires : il n'étoit pas même venu à l'esprit de chercher le rapport de la fortification aux autres parties de l'Art militaire, bien moins encore aux différentes branches de l'Administration politique : fortifier, c'étoit élever des remparts ; aujourd'hui souvent c'est les détruire : c'étoit multiplier les forteresses, aujourd'hui c'est les réduire au plus petit nombre possible.

Une lumiere déjà si foible par elle-même & obscurcie encore par tant de préjugés, attendoit donc qu'un Génie créateur s'élevât, assez hardi pour renverser, assez sage pour réédifier, assez vaste pour embrasser à la fois une immensité d'objets, assez grand pour être inaccessible à l'envie.

Vauban paroît, & bientôt la France connoît qu'elle possede le Grand-Homme dont elle a besoin : son Art, si restreint d'abord, paroît tout à coup embrasser le systême des connoissances politiques & militaires ; il ose attaquer les vieilles erreurs, s'ouvrir une carriere inconnue [10], la parcourir toute entiere, & semble ne laisser à ses successeurs que le pouvoir encore glorieux de l'imiter.

Obligé cependant de respecter d'abord les anciens usages, il ne propose qu'avec circonspection ses nouvelles idées, il déroge peu à peu aux principes établis, il enseigne par degrés à profiter des circonstances locales, à mettre pour ainsi dire de son parti les fleuves, les rochers, les marais, les montagnes & la mer; il indique de nouveaux rapports, ces rapports se multiplient, les idées s'agrandissent, la théorie se développe, & les fausses maximes de son Art disparoissent insensiblement.

Mais c'est peu d'avoir approfondi toutes les branches de l'Architecture militaire, créé l'Art des fortifications isolées, donné à chaque place en particulier toute la force dont elle est susceptible; il faut encore savoir choisir les positions, lier les divers postes, en faire un tout dont les parties se correspondent & se prêtent un secours mutuel pour la défense d'une frontiere; il faut ensuite réunir ces défenses particulieres, les faire concourir à la défenſe générale du Royaume; conſidérer l'Etat entier comme une grande place forte dont les différens points ſe doivent une protection réciproque; faire régner enfin dans le ſyſtême général, cette économie de forces, cet accord étonnant dont *Vauban* ſeul étoit capable de former le projet & de l'exécuter. Il va plus loin encore; il compare ſon Art à chacune des branches de l'Art militaire, il veut en connoître l'influence & les rapports. L'Hiſtoire militaire [11] lui fait voir les Villes fortes, tantôt ſervir de retraite à une Armée battue, en recueillir les débris, y remettre l'ordre & lui rendre le courage; tantôt de boulevart, pour fermer un paſſage à l'ennemi dans les lieux que la nature a laiſſés ſans défenſe; ſouvent d'entrepôt pour aſſurer la ſubſiſtance d'une Armée qui protege la frontiere ou porte la guerre en avant; quelquefois de lien pour conſerver entre les Provinces une communication néceſſaire; il voit qu'on s'en ſervit toujours pour ſe maintenir dans la poſſeſſion d'une Colonie éloignée, d'un Port, d'une Ville riche & commerçante ; que leur objet eſt conforme aux principes de l'humanité, qu'elles ſont le correctif des malheurs de la guerre, que l'habitant des campagnes y trouve un refuge pour ſe garantir du pillage & des contributions, qu'elles ſont enfin un puiſſant obſtacle à ces grandes révolutions qui bouleverſerent autrefois la terre, que le ſort des Empires ne dépend plus, comme alors, du gain d'une ſeule bataille ; qu'elles protegent le foible, en poſant des bornes à l'orgueil des Conquérans ; qu'elles briſent le premier choc d'un aggreſſeur trop puiſſant, & l'épuiſent avant qu'il ſoit en meſure d'écraſer ſon ennemi ; qu'elles aſſurent ainſi la tranquillité des peuples, & tendent à ramener le regne de la paix & de la Philoſophie.

Vauban n'imaginoit donc pas qu'on dût renouveller de nos jours le ſyſtême de Machiavel [12]; invoquer, pour le soutenir, les noms de liberté & de patrie ; dénoncer les places comme un principe de molleſſe & de corruption ; proſcrire enfin comme un ſecours foible & perfide, ces reſſources dernieres, qui, ſuivant l'expreſſion du grand Montécuculli, ſont *les ancres ſacrées qui ſauvent les Etats.*

Mais un nombre exceſſif de places fortes n'a-t-il aucun danger? N'eſt-il pas un terme où l'intérêt politique exige qu'on s'arrête? Oui ſans doute, & c'eſt ce terme important que *Vauban* cherche à découvrir ; il n'ignore pas qu'on ſupplée aux places fortes par des hommes, qu'on peut défendre avec des bras ce qu'on défend avec des murailles ; il reconnoît donc cette vérité fondamentale, que *ſous quelque point de vue qu'on enviſage les forteresſſes, elles ſont toujours en derniere analyſe, uniquement deſtinées à diminuer la conſommation des hommes* [13]; que par-tout où elles ne rempliſſent point cet objet, elles ſont ſuperflues; qu'elles deviennent pernicieuſes à l'Etat, lorſque, par leur multiplicité, elles vont juſqu'à produire l'effet contraire, & qu'enfin cette maxime lumineuſe doit ſeule en régler le nombre & la diſpoſition.

Vauban n'écrivit rien ſur les maximes de la fortification [14] : trois cents places miſes en défenſe par ſes ſoins, ſont le Livre immortel où elles ſont conſignées. C'eſt que cet Art n'eſt point de ceux qu'on puiſſe ſoumettre à des regles conſtantes, c'eſt que le bon ſens ſuffit pour en connoître bientôt les principes, & qu'il faut du génie pour les appliquer avec ſageſſe; c'eſt qu'enfin l'imagination ne veut point d'entraves, & qu'il faut lui laiſſer prendre l'eſſor avec toute ſa liberté, lorſqu'elle doit, comme dans l'Art des fortereſſes, modeler ſur la nature, dont les ſites variés & toujours nouveaux ne laiſſent aucune priſe à l'analogie, & déconcerteront éternellement l'homme borné qui voudra captiver le génie & l'aſſujettir à des Loix.

SECONDE PARTIE.

S'IL eſt vrai que la race humaine ait dégénéré, ſi l'homme ne ſortit point des mains de la nature avec des ſens émouſſés, des organes foibles, une ame attaquée dans ſa propre conſtitution par un principe héréditaire d'inertie & de dépravation ; ſans doute le type du genre humain, l'homme primitif, doit reparoître quelquefois avec toute l'énergie de ſes facultés morales & phyſiques; ſans doute il eſt des individus en qui l'éducation n'a rien à détruire, rien à réformer, & doit être telle, que tout ſon effet ſoit, pour ainſi dire, d'iſoler ſon éleve, & de le garantir des funeſtes effets de la contagion : tel étoit le Maréchal *de Vauban;* ce fut un de ces hommes que la nature donne au monde tous formés à la bienfaiſance, doués, comme l'Abeille, d'une activité innée pour le bien général, qui ne peuvent séparer leur sort de celui de la République, & qui, membres intimes de la société, vivent, prosperent, souffrent & languissent avec elle; il est plus grand peut-être, plus héroïque de servir ses semblables malgré la révolte des passions, de sacrifier ses goûts & son repos au bonheur de la Patrie, de subjuguer pour elle un penchant vicieux : que le triomphe de la raison, qui dompte une nature rebelle, soit donc regardé comme le plus sublime effort de la vertu; mais il est plus doux & plus consolant pour l'humanité, de savoir qu'il existe des hommes qui la servent en cédant à la douce impulsion d'un heureux instinct; & si la victoire sur nos passions nous éleve au dessus de la nature humaine, la pente naturelle à la bienfaisance nous rend semblables à la Divinité.

Obligé par état de parcourir toutes les Provinces du Royaume, *Vauban* vit ſouvent de près l'extrême miſere des campagnes ; il en aimoit les habitans : la ſimplicité de leurs mœurs étoit conforme à ſon caractere ; c'eſt là qu'il retrouvoit l'innocence & la cordialité qui, chaſſées des Villes & des Cours, habitoient ſous le chaume avec l'indigence. Eh quoi ! le malheur eſt-il donc inſéparable de la vertu ? Ah ! loin de nous cette idée accablante ! Le malheur n'eſt point attaché à la pauvreté ; il eſt bien plus ſouvent l'effet de l'orgueil & des paſſions qu'entraîne l'opulence avec elle. Jette les yeux ſur cet être diſgracié que que tu daignes à peine compter parmi tes ſemblables : vois-le mourant de faim auprès d'une nourriture qu'il eſt occupé ſans relâche à ſemer, recueillir & préparer pour toi : va le plaindre & le conſoler ; mais toi-même peut-être, es-tu digne de ſa pitié ? Son ame ne connoît point l'ambition ni les remords qui t'agitent, & l'habitude, qui te rend tout inſipide, lui fait tout ſupporter.

Pénétré du spectacle touchant qui s'offroit à ses yeux, *Vauban* voulut consoler l'habitant des campagnes & partager ses peines ; il se fit une étude particuliere de ses facultés, du produit de son travail, de sa maniere de vivre ; il rechercha la valeur des terres, la façon de les cultiver, & sur ces données il composa sa Dîme royale [15] ; Ouvrage fait pour être médité par les Souverains, & bien éloigné de ces inutiles déclamations où l'on exagere les maux sans indiquer les remedes ; c'est un exposé simple & pathétique des faits ; tout y est calcul, tout y frappe par la précision & la vérité.

Suivant ces calculs, sur vingt-quatre habitans du Royaume, il en est un seul qui cultive la terre ; c'est donc celui-là qui nourrit les vingt-trois autres ; s'il meurt, si la milice ou des corvées meurtrieres l'enlevent à l'agriculture, si on lui retranche les moyens de pourvoir à sa subsistance & d'acheter des instrumens de labourage, il faut que vingt-trois personnes périssent avec lui; s'il n'est pas remplacé, douze familles seront pour toujours éteintes : quelle différence entre ce pere nourricier de la Patrie & l'homme oisif! Celui-ci ne commence d'être utile qu'au moment où il meurt; il ne vivifie la terre qu'en y rentrant; cependant c'est cet oisif qui jouit de tout, tandis que le malheureux cultivateur est abreuvé de peines & d'humiliations : le tronc se dessêche, tandis que la branche inutile & parasite en dévore toute la substance.

Vauban cherche la source du désordre; il la trouve dans l'excessive inégalité des fortunes, dans une multitude révoltante d'emplois sans fonctions, dans la barbare répartition des impôts, & dans la maniere plus barbare encore de les percevoir.

Par-tout où est le bonheur, il se trouve des hommes pour en jouir : on fuit les lieux où il n'est pas, on afflue dans ceux qu'il habite, & la population fut toujours regardée comme l'effet & le signe de la prospérité des Empires; mais le nombre des citoyens est proportionnel à la somme de leurs travaux utiles réunis. Quel doit donc être l'objet du Gouvernement, sinon d'obliger au travail tous les individus de l'Etat? Et comment les y déterminer, si ce n'est en faisant passer les richesses des mains où elles sont superflues dans celles où elles sont nécessaires? en fournissant à l'un des moyens de travailler, & privant l'autre des moyens de rester oisif? Mais lorsque les impositions produisent un effet tout contraire, lorsqu'elles ôtent à celui qui a trop peu pour donner à celui qui a trop, lorsque l'opulence est un titre assuré d'exemptions, lorsqu'on arrache impitoyablement au pauvre cultivateur le pain trempé de sueur qu'il alloit partager avec ses enfans, que doit-on attendre de ce monstrueux systême, si ce n'est de dépeupler les campagnes, semer la jalousie & la haine entre les citoyens, jeter dans l'apathie, effacer des cœurs la confiance & la gaieté, rendre indifférent sur les succès de l'Etat & le sort de la Patrie, en brisant tous les liens qui unissoient à elle ?

Ainsi pensoit le Maréchal *de Vauban* ; il croyoit que tout droit nuisible à la société est injuste, que ceux qui ont également travaillé pour elle, ont le même droit à ses bienfaits ; que le Gouvernement doit établir une sorte d'équilibre entre les citoyens, ou prévenir au moins l'affreuse misere des uns, l'excessive opulence des autres, & cette odieuse multiplicité de prérogatives qui condamnent la classe la plus précieuse des hommes à l'indigence & au mépris.

C'est sur ces principes qu'ayant calculé l'étendue de la France, ses revenus, ses ressources, sa population, *Vauban* propose une nouvelle maniere d'asseoir les impositions : méthode simple, facile à mettre en exécution, & dont l'exemple existe déjà dans la perception des

des dîmes eccléſiaſtiques, mais qui, reſpirant le patriotiſme, anéantiſſant toute exemption, ſupprimant les emplois de finance, & taxant le riche à la décharge du pauvre, ne pouvoit manquer d'être ſujette à la plus grave de toutes les difficultés.

Porté ſans ceſſe par ſa vive imagination au centre des grands objets du Gouvernement, doué de cette juſteſſe d'eſprit qui préſerve de l'erreur & porte ſans détour au point de perfection, joignant au calme des paſſions l'activité & l'énergie qu'elles donnent, *Vauban* parcourut toutes les branches de l'Adminiſtration politique : Guerre, Manufactures, Finances, Commerce, Marine, Architecture, Colonies, Canaux, tout fut de ſon reſſort ; rien de ce qui touche l'humanité, ne lui fut étranger : il compoſa, de ſes nouvelles idées, l'Ouvrage immenſe qu'il nomma ſes *Oiſivetés ;* oiſivetés ſublimes qu'on pourroit appeller *les rêves d'un homme de bien* [16], parce que le fiecle n'eft pas encore affez Philofophe pour que ces rêves puiffent être réalifés.

Oh! combien il eft rare en effet que le Sage puiffe recueillir le fruit de fes travaux! Il devance fon fiecle, & fon langage ne peut être entendu que de la poftérité; mais c'eft affez pour le foutenir: fon imagination perce la nuit épaiffe des erreurs; il eft l'ami des hommes qui doivent naître, il converfe avec eux dans fes recherches profondes: comme citoyen, il arrête fes regards fur fa Patrie, il fait des vœux pour elle, il applaudit à fes fuccès, il prend part à fes triomphes: comme Philofophe, il a déjà franchi les barrieres qui féparent les Empires, il n'a plus d'ennemis, il eft citoyen de tous les lieux & contemporain de tous les âges, il fuit l'homme depuis fa frêle origine jufqu'au terme de la perfection de fon être; depuis l'inftant où, foible & ifolé, il eft le jouet de tout ce qui l'environne, jufqu'à celui où, réuni à ſes ſemblables par un concert unanime de tous les moyens départis à ſon eſpece, il commande en maître à l'Univers : entre ces deux extrêmités, quel intervalle immenſe ! Non, l'homme ne le franchira point que la Terre n'ait éprouvé par ſes crimes, des convulſions épouvantables; mais lorſqu'enfin, par ces convulſions même, il aura connu la ſomme de ſes forces & l'immenſe étendue de ſon pouvoir, lorſqu'à des ſiecles de trouble & de menſonge auront ſuccédé des ſiecles de lumiere & de vérité, alors, dis-je, lui ſera-t-il encore quelque choſe d'impoſſible? Ah! ſi malgré la diſperſion & la contrariété de ſes efforts individuels, il a ſu maîtriſer le tonnerre, forcer la peſanteur même à l'élever aux régions de la foudre; s'il a ſu compoſer les frimats & décompoſer les élémens, que ne fera-t-il pas lorſqu'il raſſemblera tant de forces oppoſées & briſées par des chocs innombrables, lorſque toutes les volontés éparſes dans l'Univers ſeront réunies, lorſque l'intérêt particulier sera devenu l'intérêt général, & la vertu, le desir éclairé du bonheur? Alors les élémens seront soumis, l'homme sera respecté de la Nature entiere; il pénétrera dans le sanctuaire de ses loix, il en connoîtra l'enchaînement & les rapports, & la grande vérité qui contient toutes les vérités, sera peut-être découverte.

C'est par cette Philosophie simple & douce qu'en finissant sa carriere militaire, *Vauban* étoit ramené au genre d'occupations qu'il avoit toujours chéri; il en fit la consolation de ses dernieres années, il en auroit fait son bonheur toute sa vie, s'il eût pu suivre son inclination. Ainsi peut-être si nous prêtions une oreille attentive à la voix de la nature, nous l'entendrions souvent nous dire tout bas le secret de notre bonheur; peut-être est-il au dedans de nous-mêmes une retraite cachée où notre cœur trouveroit un asyle assuré contre les maux qui viennent par fois l'assaillir, un havre inaccesſible aux tempêtes morales, où notre ame, fatiguée de lutter contre les paſſions, étourdie & froiſſée par des ſecouſſes violentes, pourroit recueillir ſes forces, rappeller ſa raiſon, & reprendre ſur elle-même l'empire qu'elle avoit perdu.

Ennemie des petits moyens, la politique du Maréchal *de Vauban* fut toujours ſimple & franche; il croyoit qu'un peuple brave & puiſſant doit impoſer par ſa ſeule force, inſpirer le reſpect par ſa juſtice & ſa vertu, bannir de ſes négociations la ſoupleſſe & la duplicité; il penſoit que la morale des Nations doit être la même que celle des Particuliers, que la droiture leur imprime un caractere de grandeur & de Nobleſſe, qu'au contraire la diſſimulation eſt la marque d'un caractere foible & puſillanime, qu'elle flétrit le courage, avilit les ames, & pallie pour un inſtant des maux qu'elle rend incurables par la défiance, la haine & le mépris qu'elle inſpire.

Cette politique étoit la ſeule en effet que pût goûter le Maréchal *de Vauban*, parce qu'elle pouvoit ſeule s'accorder avec la candeur de ſon ame ; il céda toujours au premier mouvement de ſon cœur, & n'étouffa point la voix de la nature par la recherche infructueuſe des principes de la morale. Malheur à toi, Philoſophe, qui oſas diſcuter avec ta dialectique, les fondemens de la Loi Sainte que tu trouvois ſi diſtinctement gravée dans ton cœur ! Le ſentiment, dès l'inſtant que tu voulus le ſoumettre à l'analyſe, perdit à jamais pour toi la ſanction & la grace touchante qu'il avoit reçues de la nature : vois dans l'hiſtoire du grand *Vauban*, combien l'ame d'un Héros eſt ſimple & naïve. « Jamais, dit » ſon célebre Hiſtorien, les traits de la » ſimple nature n'ont été mieux marqués » qu'en lui, ni plus exempts de tout » mêlange étranger. Sa vertu étoit en » quelque ſorte un inſtinct heureux, ſi » prompt qu'il prévenoit ſa raiſon. Il

» méprisoit cette politesse superficielle » dont le monde se contente, & qui » couvre souvent tant de barbarie »; mais que sa glorieuse carriere fut embellie par sa bienfaisance & son humanité! L'histoire de son cœur sera toujours la plus belle partie de son éloge. Il pensoit comme le pieux *Antonin*, que *la vie d'un seul citoyen vaut mieux que la mort de mille ennemis.* Né pour exercer un Art destructeur, son plus tendre soin, son vœu le plus ardent fut toujours la conservation des hommes. Toutes ses idées, toutes ses maximes étoient pour ainsi dire imprégnées de cet esprit de bonté & d'humanité qui faisoit son caractere; il ne cessoit de recommander la modération, il ne pouvoit supporter qu'on détruisît les édifices & qu'on tirât sur les maisons des Villes assiégées; il parloit avec complaisance des Places d'armes qu'il avoit imaginées, parce qu'elles contribuent, plus que toute autre chose, à épargner les Troupes en les dérobant à la vue de l'ennemi [17]; il s'étudioit à rechercher, suivant ses propres expressions, *les voies les moins ensanglantées qui se puissent mettre en usage* [18]; aussi fut-il adoré du soldat, aussi en fut-il toujours obéi avec cet enthousiasme qu'inspirent la confiance & les succès [19] ».

Sa vie privée offre des traits touchans de vertus pacifiques. Il parcouroit les campagnes pour aider les malheureux; souvent il a secouru, de sommes considérables, des Officiers qui n'étoient pas en état de soutenir le service; il ne craignoit qu'un excès de reconnoissance, il auroit voulu qu'on oubliât ses bienfaits aussi promptement qu'il les oublioit lui-même.

Tout s'agrandissoit entre ses mains, tout y prenoit de la grandeur & de la dignité; il avoit avec le Roi une certaine conformité de caractere; il l'aimoit passionnément & pour lui-même; mais il eut toujours devant lui cette assurance qui sied si bien à la vertu, & que donne une ame forte & bien intentionnée; jamais il n'amollit l'ame de son Maître par un discours insinuant & flatteur, jamais il ne lui proposa rien d'indigne de sa gloire, jamais il ne sut lui dissimuler une affligeante mais utile vérité.

Chéri de ses compatriotes, redouté des ennemis, respecté par le vice même, *Vauban* pouvoit-il encore desirer quelque sorte de gloire ? La France, l'Italie, l'Allemagne étoient remplis des monumens de ses triomphes; au dessus des titres, il ne pouvoit que les honorer en les associant à son nom; il étoit d'ailleurs le plus modeste des hommes, & n'eut jamais d'autre ambition que celle de servir avec autant de succès que de zele, son Prince & la Patrie [20]. Mais le Souverain avoit à satisfaire sa reconnoissance & son inclination particuliere. En élevant son vertueux & fidele Sujet au premier grade militaire, Louis voulut donner à son peuple le rare spectacle de la vertu placée au rang qui lui convient; il voulut récompenser, dans la personne du Chef, les vieux Guerriers qui avoient été compagnons de ses travaux. *Vauban* seul redoute sa propre élévation. Il semble toucher à l'instant de sa disgrace, il supplie le Roi de retenir un bienfait qui malheureusement ne peut plus être suspendu sans injustice. Ah! ce ne sont pas toujours, il est vrai, des hommes sans mérite qui sollicitent les premieres dignités; mais ce ne sont jamais que des Grands-Hommes qui les refusent. Quel contraste en effet! Une foule d'adulateurs s'empresse autour du Trône pour obtenir des graces; il est environné de courtisans nourris dans la mollesse, qui soupirent après les grandeurs, & *Vauban*, couvert de blessures, blanchi par soixante & dix ans de travaux & de services rendus à sa Patrie, demande pour sa récompense l'honneur de la servir encore : on l'éleve malgré lui aux honneurs suprêmes, on l'afflige par un titre qui met des entraves à ſon zele. Ah! ſans doute il ne ſurvivra guere à ſa douleur. Que dis-je, hélas! Il vivra trop long-temps encore, il verra le commencement des maux qui déſoleront ſa Patrie, il verra ſe former la ligue des Nations humiliées qu'anime la vengeance : déjà elles arrachent les barrieres de l'Etat [21], elles ſont près d'envahir ſes Provinces, elles vont y porter le ravage & la déſolation. *Vauban* voit les peuples conſternés, les finances épuiſées, le Gouvernement ſans force & ſans réſolution; il veut ranimer les efforts de ſes compatriotes, il les excite à raffermir, de leurs bras exténués, le Trône ébranlé de leur Maître; il trouve, hélas! leurs facultés anéanties; le reſſort de ſa grande ame ne preſſe plus que ſur des reſſorts briſés; il ſe détend faute de réaction.

O Vauban! tu vas donc te réunir à l'Etre éternel qui t'anima de ſon ſouffle divin. Nos jours de proſpérité ſont paſſés: déjà tes yeux ont été témoins des journées déſaſtreuſes d'Hochſtet & de Ramillies, en vain tu offres en ſacrifice tes dignités & ta vie pour nous ſauver à Turin, l'envie t'a repouſſé [22], meurs, *Vauban*, tu n'as plus de ſervices à rendre à ton Pays : le Ciel doit t'épargner de plus grandes douleurs ; hâte-toi, la France eſt vaincue, mai elle n'eſt pas encore flétrie ; meurs, tandis que Dunkerque éleve ſa tête altiere ; bientôt ſes remparts tomberont, mais tu ne ſauras pas quelle main doit les renverſer ; il ſuffit à ta gloire que ce ne ſoit pas celle de l'ennemi [23], & qu'ils ne ceſſent de lui préſenter un front menaçant, juſqu'à ce que la France ait elle-même conſenti à ſon eſclavage.

Mais où m'emporte la douleur ? Eſt-il pour cette Nation, de honte qu'elle n'efface dans le ſang des ennemis, dès qu'il paroît ſur le Trône un Prince magnanime & protecteur de la vertu ? Nos cœurs ſont le Temple où le feu ſacré du patriotiſme ne s'eſt jamais éteint. *Vauban* n'eſt plus, mais on l'a vu revivre à Berg-Op-Zoom, à Oſtende, à Mahon; ſon génie a préſidé aux travaux de Metz & de Valenciennes [24], monumens éternels qu'il auroit admirés lui-même. Elevons-lui encore un mauſolée qui ſoit digne de lui, que ce ſoit une nouvelle Dunkerque ſur les côtes de la Neuſtrie [25]. Cherbourg, le Havre, c'eſt vous que *Vauban* & les fléaux des guerres ont déſignés pour être les chef-d'œuvres de ſon Art : protégez le pavillon français qui flotte avec majeſté ſur la Mer qui vous environne; qu'il ſoit reſpecté ſans être haï, qu'il annonce un aſyle propice ouvert à toutes les Nations, que les peuples s'y rallient par l'amitié, par le commerce, & qu'il donne au loin l'heureux ſignal de la liberté des Mers.

NOTES.

[1 : La Bourgogne a produit beaucoup de Grands-Hommes. On voit dans la Salle des Séances de l'Académie des Sciences, Arts & Belles-Lettres de Dijon, les ſtatues ou les buſtes des plus célebres, tels que *Jeannin*, *Vauban*, *Boſſuet*, *Crébillon*, *Buffon* : on y voit auſſi le buſte de M. *de Voltaire*, apparemment parce qu'un ſi Grand-Homme eſt cenſé appartenir à tous les Pays.]

[2 : M. *de Vauban* nâquit en 1633 au village de Saint-Leger-de-Foucheret, proche de Saulieu ; il étoit fils d'*Urbain Lepreſtre* & d'*Aimée de Carmagnol* ; il avoit pour aïeul *Jacques Lepreſtre*, qui rendit foi & hommage au Duc de Nevers, pour la terre de Vauban, & mourut âgé de quatre-vingt-ſeize ans. M. le Maréchal *de Vauban* épouſa *Jeanne d'Aunay*, fille de *Claude d'Aunay*, Baron d'Epiry, & en eut deux filles.]

[3 : M. *de Vauban* ne fut qu'un an au ſervice d'Eſpagne ; il fut fait priſonnier par un parti français, & M. le Cardinal *Mazarin* l'engagea à reſter en France.]

[4 : Les Allemands attribuent à *Bertold Schwarts*, qui vivoit vers l'an 1330, l'invention de la poudre à canon ; mais il paroît que c'eſt plutôt l'uſage des armes à feu qu'il a imaginé, ou qu'il a du moins beaucoup contribué à répandre. *Roger Bacon*, Moine anglais, contemporain de Saint Louis, & par conſéquent bien antérieur à *Schwarts*, publia l'invention de la poudre dans ſon Livre intitulé : *De Nullitate Magiæ*, dont le titre ſeul prouve qu'il s'étoit élevé au deſſus de ſon ſiecle par la

Philofophie : les Anglais lui attribuent encore l'invention de la Chambre obfcure, des Lunettes appellées Befides, & la premiere idée de la Bouffole : il eft vrai qu'il n'y a aucune de ces découvertes qui ne lui foit conteftée ; celle de la poudre, par *Schwarts* ; celle de la Chambre obfcure, par *Jean-Baptifte Porta* ; celle des Beficles, par *Alexandre Spina*, & celle de la Bouffole, par les Français, les Italiens & les Chinois, qui tous la revendiquent.]

[5 : « Comme la gazette en parla, dit M. *de Fontenelle*, on apprit dans fon Pays ce qu'il étoit devenu ; » car depuis fix ans qu'il en étoit parti, il n'y étoit point » retourné, & n'y avoit écrit à perfonne, & ce fut là la » feule maniere dont il y donna de fes nouvelles ».]

[6 : « Ce fut un coup de moufquet à la joue, dont il » a toujours porté la marque ».]

[7 : Tirer à ricochet, c'eft tirer avec la moitié, le tiers ou le quart de la charge ordinaire, de maniere que le boulet fort du canon avec fi peu de viteffe, qu'on le fuit aifément de l'œil jufqu'à la naiffance du rempart, où il continue par des bonds, des ricochets, à fuivre le parapet en renverfant tout ce qu'il rencontre. On ne fauroit croire quel dégât caufent ces fortes de batteries dans une Ville affiégée. « Le grand éclat, dit » l'Auteur de la relation du fiege d'Ath, le fracas & la » promptitude du fervice avoient fait jufqu'alors tout » le mérite de l'Artillerie dans les fieges : on changea » ici de maniere ; car il ne s'en eft jamais fait où il y ait » eu fi peu de bruit, & où cependant on ait tiré fi bon » parti du canon..... A la vérité cette maniere de tirer, » qui faifoit fi peu de bruit, choquoit les Officiers géné- » raux, ce qui inquiétoit même les Officiers d'Artil- » lerie..... Mais quand une fois elles furent bien en

» train, les ennemis ne purent plus tenir à leurs défen» ses; ce qui éteignit si bien le feu, qu'on alloit & venoit » en sûreté du camp à la tranchée, & de la tranchée au » camp, à découvert..... Ainsi la ville d'Ath, l'une des » plus fortes places de l'Europe, fut prise en treize jours » de tranchée ouverte ».]

[8 : C'est la Géométrie naturelle, espece d'instinct bien différent de la Géométrie acquise. La Science ne donne pas le génie, & la Géométrie naturelle est le génie lui-même appliqué à la mesure des grandeurs. La Géométrie acquise est, par son exactitude même, forcée à une lenteur extraordinaire, & bornée à des cas très-simples; l'autre a un usage prompt, & s'applique à tout; elle voit d'un coup-d'œil ce qui gêne les combinaisons, sans influer sensiblement sur les résultats, & sait habilement se relâcher d'une exactitude trop rigoureuse en faveur de la célérité; c'est par elle que les Mathématiciens entrevoient les résultats d'une hypothese, avant même que de l'avoir analysée par un calcul exact; c'est aussi la Géométrie qui est nécessaire aux Généraux pour saisir en un instant, la disposition, l'ordonnance & la marche des troupes.]

[9 : La fortification est si peu intéressante pour le commun des Lecteurs, que j'ai cru devoir abréger le plus qu'il m'étoit possible, cet endroit de mon Discours. Je me suis contenté d'y exposer les grands principes & les résultats généraux : des descriptions pompeuses de Ports & de Villes fortes m'ont paru déplacées dans un éloge de M. *de Vauban*, parce que c'est louer sur les détails un homme qui, quoique très-distingué dans les parties même les plus subalternes de son Art, est remar-

quable

quable sur-tout par ses grandes vues & son talent pour saisir les rapports & les développer.]

[10 : Il y auroit cependant bien de l'injustice à dire qu'il n'y avoit point eu d'habiles Ingénieurs avant M. *de Vauban*, de même qu'il seroit injuste de compter pour rien les Géometres qui parurent avant *Descartes* ou de son temps, tels que *Viette*, *Galilée*, *Fermat* & plusieurs autres : on voit dans les Mémoires de *Sully*, qu'HENRI IV apprenant la mort de son Ingénieur *Errard de Bar-le-Duc*, s'écria : *Ah ! j'ai perdu un des plus Grands-Hommes de mon Royaume.* Le Chevalier *de Ville*, Ingénieur sous LOUIS XIII & LOUIS XIV, & qui a imaginé la machine de Marly, nous a laissé, sur la Fortification, un Livre encore utile aujourd'hui, où se peint une belle ame, & qui rappelle, par sa simplicité, les temps de l'ancienne Chevalerie. Le Comte *de Pagan* fut aussi recommandable par ses vertus, que par son grand savoir & sa longue expérience. Il n'en est pas moins vrai que *Vauban* les effaça tous : c'est lui qui le premier vit les choses en grand, chercha les rapports des places de guerre entr'elles, & de la Fortification aux autres branches de l'Art militaire, même à l'Administration politique ; c'est donc assurément bien ravaler ce Grand-Homme, que de ne voir dans ses travaux que des orillons, des flancs arondis, des tours bastionnées ; il faut laisser les Plagiaires ignorans s'extasier sur ces choses aussi indifférentes à la gloire de *Vauban* qu'aux progrès de son Art, & j'espere que les Officiers du Génie me sauront gré d'avoir épargné à leur Maître des louanges de cette espece.]

[11 : Une expérience de dix siecles & plus prouve

que la guerre des postes détachés, est véritablement celle qui convient à la Nation française ; il s'en faut bien qu'elle n'ait sur les autres la même supériorité dans les batailles rangées, que lorsqu'elle attaque ou défend des places ; & si l'on excepte quelques batailles anciennes, exagérées peut-être dans l'Histoire, telles que celle de Châlon, gagnée par *Mérovée* sur *Attila* ; celles de Soissons, Tolbiac & Vouillé, gagnées par *Clovis* ; celle de Tours, gagnée par *Charles Martel*, on ne voit pas que nous ayons jamais fait éprouver aux ennemis des déroutes effroyables, commes celles de Créci, Potiers, Azincourt & tant d'autres, qui furent l'effet de l'imprudence, de la précipitation & de l'insubordination. Le Français ne sait point supporter le mal-être & la fatigue en rase campagne, & se rebute aisément s'il ne réussit pas d'abord ; au lieu qu'enfermé dans des murailles, il sait mourir de faim & souffrir tous les maux avec une constance héroïque : on en voit des exemples étonnans dans les sieges de Calais, Beauvais, Paris, & une infinité d'autres dont fourmille notre Histoire : on voit la même chose dans la Marine, on sait qu'elle est presque invincible dans les combats particuliers de vaisseau à vaisseau, & combien elle est malheureuse dans les grandes batailles : tel est le génie de la Nation. Mettez dans un poste une petite troupe qui réponde de ses actions, elle se laissera plutôt anéantir que de céder ; mais qu'on la réunisse à un grand corps d'Armée, où ses fautes ne pourront lui être attribuées personnellement, & où l'émulation ne la soutiendra pas en fixant tous les yeux sur elle, vous verrez qu'elle perdra beaucoup de son énergie. L'honneur est le mobile du Français; mais cet honneur dégènere souvent en vanité & en présomption. Le Militaire français se croit le plus distingué, le plus vaillant & le plus intelligent de tous; il méprise son ennemi, le moindre succès l'enfle & lui fait négliger toute précaution; s'il est heureux, il se contente d'avoir vaincu, & ne pousse point sa victoire; s'il est vaincu, il ne revient pas de son étonnement, il se croit trahi, il est découragé, & sa déroute est complette; c'est ce qui faisoit dire au Cardinal *de Richelieu* (Testament politique): « Les forteresses sont » d'autant plus nécessaires en ce Royaume, que quand » même la légéreté de notre Nation la rendroit inca» pable de faire des conquêtes, sa valeur la rendroit » invincible à la défense, si elle a des places si bien » fortifiées & si bien munies de toutes choses, qu'elle » puisse faire paroître son courage sans être exposée à » de grandes incommodités, qui sont les seuls ennemis » qu'elle ait à craindre.... Les subtils mouvemens de notre » Nation ont besoin d'être garantis de la fureur qu'elle » pourroit recevoir d'une attaque imprévue, *&c.* »]

[12 : Les places fortes, en supposant que le nombre en soit proportionné aux besoins de l'état, ne sont point favorables au despotisme, parce qu'elles mettent un petit nombre en état de résister à un plus grand, & tendent ainsi efficacement à diminuer le Corps militaire. Or, plus il y a de gens de guerre, plus il est facile au Prince d'abuser de son autorité, & voilà pourquoi les places fortes déplaisoient si fort à *Machiavel* : il s'en faut cependant beaucoup que je n'attribue les mêmes intentions à ceux qui, de nos jours, ont renouvellé son systême à cet égard. La preuve de leur innocence sur cet article, eſt qu'ils ont cru dire une nouveauté; cependant la queſtion avoit été déjà diſcutée aux temps de *Platon* & d'*Ariſtote*.]

(13 : On ne peut trop inſiſter ſur ce grand principe; qui tout ſimple qu'il eſt, n'a pas toujours été connu. Son oubli eſt capable d'entraîner les plus grands déſordres; ce qui n'eſt pas ſans exemple : ſouvenons-nous donc que les forteresſes ſont des machines, comme la charrue, faites pour épargner des bras. Il ne m'appartient pas de faire aucune application de cette regle, mais, par état, je ſuis, plus qu'un autre, obligé de la mettre en évidence.

Mais, dira-t-on, les places ne conſomment-elles que des hommes? Leur conſtruction n'exige-t-elle pas auſſi une conſommation de pierres, de bois, de fer, de canons, *&c.*? A cela je réponds qu'on doit compter, dans la conſommation dont je parle, non-ſeulement le nombre des hommes immédiatement employés à défendre les places, mais encore celui des hommes employés à extraire les matériaux, les travailler, les tranſporter, *&c.* qu'en un mot, il faut toujours en revenir à la ſomme des temps conſommés en tout, qu'il faut compter, d'une part, quelle eſt cette conſommation pour la conſtruction, l'entretien, l'approviſionnement, la garde & la défenſe des places; compter, de l'autre part, quelle quantité de gens de guerre & autres ſeroit néceſſaire pour y ſuppléer s'il n'y en avoit point, en comptant de même tous les acceſſoires : alors l'excès de cette derniere ſomme ſur la premiere, détermine le degré d'utilité des places fortes; ainſi on peut, pour ainſi dire, aſſigner le *maximum* de cette utilité, & ce ſeroit faire de doubles emplois que de compter autrement. Au reste, ce n'est point aux seules places fortes que cette maxime doit être appliquée; c'est un principe général & une base de la vraie politique.]

[14: « Il semble, dit M. *de Fontenelle*, qu'il auroit » dû trahir les secrets de son Art, par la grande quan» tité d'Ouvrages qui sont sortis de ses mains; aussi » a-t-il paru des Livres dont le titre promettoit la véri» table maniere de fortifier, suivant M. *de Vauban*; » mais il a toujours dit & fait voir par sa pratique, » qu'il n'avoit point de maniere; chaque place différente » lui en fournissoit une nouvelle, selon les différentes » circonstances de sa grandeur, de sa situation & de » son terrein ». En effet, M. *de Vauban* a laissé un très-grand nombre de Mémoires manuscrits, où il traite de chaque place du Royaume en particulier; mais il n'a jamais rien écrit sur les principes généraux.]

[15: Je ne sais pourquoi M. *de Voltaire* prétend, contre l'opinion commune, que la *Dîme Royale* n'est pas de M. *de Vauban*; il l'attribue à M. *de Bois-guilbert*, Conseiller au Parlement de Normandie, Auteur du Livre intitulé *Détail de la France*, & publié d'abord sous le nom de *Testament politique de M. de Vauban.* Peut-être que ce Testament politique, faussement attribué à M. *de Vauban*, a fait penser à M. *de Voltaire* qu'il en étoit de même de la *Dîme Royale*; cependant le *Détail de la France*, qui est aussi un très-bon Livre, est cité dans la *Dîme Royale* comme étant d'un autre Auteur. D'ailleurs, on convient généralement que M. *de Vauban* est le premier qui ait eu l'idée de la *Dîme Royale*, & qu'il devroit être regardé comme l'Auteur du projet, quand même il n'auroit pas composé l'Ouvrage qui porte ce titre.]

[16 : Ce titre, *les Rêves d'un Homme de bien*, est celui d'un autre Ouvrage à-peu-près du même genre, où l'on a recueilli plusieurs projets patriotiques de M. l'Abbé *de Saint-Pierre.*].

[17 : M. *de Vauban* craignoit en général les coups de main pour les Troupes. *Il ne faut*, dit-il, *jamais faire à découvert ni par force ce qu'on peut faire par industrie. Employer les Cavaliers de tranchée & les ricochets à la prise du chemin couvert* (opération la plus meurtriere de tout le siege), *préférablement aux attaques de vive force, autant que faire se peut. Observer la même maxime à l'égard de tous les dehors, & même du corps de la place. La précipitation ne hâte point la prise des places, la recule souvent, & ensanglante toujours la scene.*

On reprochoit à *Vauban* ce systême, parce que notre Nation est en général plus propre à ces actions vives qu'à celles où il faut de la patience. Mais sa vivacité lui a souvent procuré des succès momentanées en échange de longues & cruelles pertes. Le Français confond trop souvent l'audace avec la vraie bravoure. Aussi *Vauban* répondit-il toujours à ces reproches par des succès nouveaux, & avec cette maxime il faisoit en huit jours ce que les autres ne pouvoient faire qu'en un mois & avec une perte bien plus considérable. Au reste, il étoit le premier à proposer les coups de main lorsqu'il les jugeoit nécessaires, comme on le vit au siege de Valenciennes, dont j'ai parlé, & où son avis, pour donner l'assaut de plein jour, étoit opposé à celui de six Maréchaux de France. Le succès justifia cette opinion, comme il le fit pour l'opinion contraire au siege de Cambrai, que le Roi fit en personne l'année suivante. M. *du Metz*, célebre Officier d'Artillerie & très-Grand-Homme de guerre, proposoit d'attaquer de vive force le ravelin; M. *de Vauban* au contraire étoit d'avis d'aller pas à pas, quoique cela dût retarder d'un jour la prise de cette demi-lune. Il dit au Roi, qui penchoit pour l'opinion de M. *du Metz*: *Sire, vous perdrez à cette attaque tel homme qui vaut mieux que le ravelin.* Malgré cela l'avis de M. *du Metz* passa, & le ravelin fut emporté; mais les travaux n'étant pas assez avancés pour soutenir les soldats qui cherchoient à s'y loger, ils en furent bientôt chassés avec grand carnage: on revint au moyen proposé par M. *de Vauban*; il réussit parfaitement, & le Roi lui promit que dans la suite il le laisseroit faire.

C'est par une suite de son opinion sur les coups de vigueur, que M. *de Vauban* détermin. le Roi à supprimer les armes d'hast. On emploie aujourd'hui la bayonnette au bout du fusil, au lieu des hallebardes que portoit alors l'Infanterie, ce qui a occasionné une révolution considérable dans la Tactique; mais je m'abstiendrai de prononcer là-dessus, parce que les avis sont très-partagés, & qu'il se trouve d'excellens Militaires qui regrettent l'ancien usage.]

[18 : Voyez son Traité de l'*attaque & de la défense des places*, Ouvrage qu'on doit compter parmi les chef-d'œuvres du siecle de LOUIS XIV. Une belle simplicité, une richesse d'idées, une abondance de moyens, une tournure particuliere enfin qui distingue l'homme d'expérience de celui que les Livres seuls ont instruit, caractérisent cet Ouvrage. En vain les Compilateurs ont-ils voulu l'analyser, le refondre, en faire un tout plus régulier ou mieux ordonné; ils n'ont jamais fait que le défigurer, énerver ses idées, ôter à ses maximes toute leur énergie : le choix des mots, l'arrangement des phrases, les répétitions même apportent dans cet Ouvrage une modification & un intérêt qu'on ne trouve plus dans les Copistes.

M. *de Vauban* vit avec douleur, sur la fin de sa vie, que la France perdoit ses meilleures places par l'impéritie des Gouverneurs; il en manifesta son chagrin dans plusieurs Lettres circulaires écrites au nom du Roi, & se détermina à faire un Traité particulier de la défense des places : Ouvrage qu'il a laissé imparfait, mais qui est infiniment précieux par les fameuses tables d'approvisionnemens pour les places assiégées.]

[19 : Cet enthousiasme étoit si grand, que M. *de Vauban* lui-même avoit peine à contenir l'ardeur du soldat dès qu'une fois il lui avoit indiqué sa marche : on voit dans les Mémoires du temps, qu'au siege de Namur, il fut obligé de prendre mille précautions pour en venir à bout.

Voici un autre trait de son Histoire que je rapporte, non pour lui en faire honneur, mais pour faire connoître le génie & le caractere du soldat français. *M. de Vauban* avoit besoin d'un homme intelligent pour la reconnoissance d'un poste extrêmement dangereux, où plusieurs soldats étoient déjà restés; enfin, le dernier qu'il y envoya, eut le bonheur d'en échapper, & aprés avoir tout examiné avec une présence d'esprit admirable, il revint couvert de sang & criblé de coups : *Vauban*, transporté d'admiration, courut au devant de lui, & voulut lui donner quelques louis d'or. *Non, Monseigneur*, répondit le soldat, *cela gâteroit mon action.*]

[20 : M. *de Vauban* s'opposa long-temps à son élévation à la dignité de Maréchal de France. « Il avoit représenté, dit M. *de Fontenelle*, qu'elle empêcheroit qu'on » ne l'employât avec des Généraux du même rang, » & feroit naître des embarras contraires au bien du » service ».]

[21 : On sait que les Alliés mirent la France à deux doigts de sa perte, dans les premieres années du siecle présent, & que M. le Maréchal *de Villars* la sauva par la victoire qu'il remporta en 1712 à Denain, sur le Prince *Eugene.*]

[22 : M. *de la Feuillade*, encore Lieutenant-Général, étant chargé du siege de Turin, M. *de Vauban*, quoiqu'alors Maréchal de France, offrit de l'accompagner pour l'aider de ses conseils ; mais M. *de la Feuillade* répondit fiérement qu'il prendroit Turin à la *Cohorn* : on sait quelle fut l'issue de ce malheureux siege, qui fut levé honteusement avec une perte incroyable d'équipages. Le Roi, qui avant l'entreprise desiroit que M. *de la Feuillade* en eût toute la gloire, avoit représenté à M. *de Vauban* que sa dignité seroit compromise si sa demande lui étoit accordée. *Sire*, répondit M. *de Vauban*, *ma dignité est de servir l'Etat ; je laisserai le bâton de Maréchal à la porte, & j'aiderai peut-être M. de la Feuillade à entrer dans la Ville.* Le Baron *de Coheorn*, dont j'ai parlé ci-dessus, étoit un fameux Ingénieur hollandois, mais il étoit malheureux lorsqu'il se trouvoit aux prises avec M. *de Vauban* ; au reste, en Fortification, il étoit auſſi obſcur, brouillon & chicaneur, que M. *de Vauban* étoit ſimple, hardi & ennemi des petits moyens.].

[23 : M. *de Vauban* mourut pendant la guerre malheureuſe que termina le traité d'Utrecht, par lequel on s'obligea à démolir le Port de Dunkerque, qui étoit le chef-d'œuvre de M. *de Vauban*, & que la Nation regrette encore, quoiqu'elle ſoit rentrée dans ſes anciens droits par le traité de paix qui vient d'être conclu : on ne peut en effet rétablir cette Ville dans ſon premier état, ſans une dépenſe énorme, & peut-être même que cela eſt impoſſible, à cauſe des ſables qui ſe ſont amoncelés au devant du Port.]

[24 : J'ai lu dans les Ouvrages de M. le Maréchal *de Saxe*, qu'il connoiſſoit pluſieurs Officiers du Génie, ſupérieurs au Maréchal *de Vauban* : il n'en eſt aucun qui ait la préſomption de s'eſtimer plus, ni même autant que lui ; mais il en eſt pluſieurs certainement qui, ajoutant leurs lumieres à celles de ce Grand-Homme, ſont en état de le ſurpaſſer, & l'ont fait. Je ne ſais ſi les Officiers du Génie trouveront dans ce ſuffrage du Maréchal *de Saxe*, un motif de conſolation ſuffiſant pour faire oublier les groſſiéretés que certains faiſeurs de Livres ſur la Fortification ont jugé à propos de leur dire.

Quoiqu'il ne ſoit pas fort néceſſaire de répondre à des injures, oppoſons encore à ces Meſſieurs l'opinion d'un des meilleurs Généraux & des plus vertueux Miniſtres qu'ait eus la France, M. le Comte *de Saint-Germain*. Voici comment il s'exprime dans ſes Mémoires :

« De tous les Corps militaires qui ſont en France,

» celui du Génie m'a le plus pénétré d'admiration par » tous les sujets du plus grand mérite, & en grand » nombre, qui le composent : on y trouve toutes les » lumieres & tous les talens reunis au plus haut degré. » Leur probité, que l'envie, la jalousie & la haine ont » si souvent attaquée, a paru dans tout son éclat par » la réunion de toutes les opinions des Officiers géné» raux des divisions, que j'avois autorisés à examiner » leur administration ; & ce n'est qu'après m'être assuré » de toutes ces connoissances, que je me suis déterminé » à donner à ce Corps la constitution avantageuse qu'il » a maintenant. Si j'avois eu plus de crédit & de force, » j'aurois prononcé le *mot*, & j'aurois assigné aux » Officiers du Génie, exclusivement à tous les autres, » les fonctions des Etats-Majors des armées. Cet arran» gement, si utile au service, & le plus raisonna» ble, *&c.* »]

[25 : On a commencé à Cherbourg des travaux considérables, dans l'intention d'en faire un Port de Roi : on travaille aussi au Havre-de-Grace pour en faire un grand Port marchand ; il est bien à souhaiter que ces deux belles entreprises puissent réussir ; mais il paroît qu'il y a de grandes difficultés à vaincre à Cherbourg, & bien des gens (pour ne pas dire tout le monde) pensent que le projet du Havre auroit pu être beaucoup mieux imaginé. Il faut en prendre acte, afin que la postérité n'impute les défauts qu'elle y trouvera, ni au manque de lumieres, ni à une fausse économie, mais à cette fatalité qui entraîne les événemens, & rend le bien, en tout genre, si difficile à faire.]

FIN.

APPROBATION.

J'AI lu, par ordre de Monseigneur le Garde des Sceaux, un manuscrit intitulé : *Eloge de M. le Maréchal de Vauban, par M. Carnot, Capitaine au Corps-Royal du Génie*, & je n'y ai rien trouvé qui doive en empêcher l'impression. A Dijon, le 19 Août 1784.

CORTOT, Censeur Royal.

N. B. *On a annoncé dans les Journaux, que ce Discours étoit divisé en trois parties ; il en avoit trois en effet lorsqu'il fut envoyé au Concours ; mais MM. les Commissaires de l'Académie ont pensé que les deux premieres rentroient un peu l'une dans l'autre, & qu'il étoit à propos de les refondre ensemble ; c'est ce que l'Auteur a fait par déférence pour cette illustre Société.*

A DIJON, de l'Imprimerie de J. B. CAPEL. 1784.

www.ingramcontent.com/pod-product-compliance
Lightning Source LLC
LaVergne TN
LVHW010050230826
846091LV00005B/1907

9782011295880